I0151280

L'Ecrivain du sud

Collection Bilingue Auteur

Français- Espagnol

Une création

Jean-Pierre Garaic

Autres Titres du même auteur

- Les carnets du poète « Que perçois-tu ? »

- Les carnets du poète « Bienvenue chez moi »

- Les carnets du poète « Champagne »

- Les carnets du poète « Donne-moi la main »

- Les carnets du poète « Cœur et Raison »

- Les carnets du poète illustrés

- Apprendre de l'amour, c'est quoi pour vous ?

Les carnets bilingues

Croire en l'Amour

Creer en el Amor

Français - Espagnol

Jean-Pierre Garaic

Textes, titres, dessins, photos, illustrations.

Couverture. Mise en page, maquette.

© Jean-Pierre Garaic

Tous droits réservés

Toulon

Imprimerie Lulu Press, Inc.

3101, Hillsborough Street

Raleigh, NC 27607

United States

Garaic Editions

Maître Façonnier

83100 Toulon

France

Dépôt légal BNF Novembre 2017

IEAN   9791090647473

ISBN 979-10-90647-47-3

Les carnets bilingues

Croire en l'Amour

Creer en el Amor

Français - Espagnol

Jean-Pierre Garaic

Auteur

C'est un être passionné qui aime parler de la vie et de sa propre compréhension de celle-ci, avec philosophie, poésie et sincérité.

C'est un écrivain, c'est un poète de ce 21è siècle qui, au travers de son œuvre comprenant plusieurs ouvrages, nous dévoile avec poésie des aspects authentiques, sincères et beaux de la nature humaine.

.

Avant-propos

Ce petit ouvrage écrit en deux langues, a un but pédagogique et distrayant en même temps, celui de mélanger poésie, philosophie et langues, ceci afin d'améliorer l'apprentissage linguistique et littéraire assez rapidement.

J'ai commencé cela par une première question.

Croire en l'Amour,

c'est quoi pour vous ?

Croire en l'Amour

c'est quoi ?

Creer en el Amor

¿ Qué es ?

Pour moi

Croire en l'Amour

C'est d'avoir été effleuré plusieurs fois

par les flèches de Cupidon.

Et pour vous ?

Para mí

Creer en el Amor

Es de haber sido rozado varias veces por los

flechazos de Cupide.

¿Y para usted ?

Pour moi

Croire en l'Amour

C'est aimer l'autre

sans toujours savoir pourquoi.

Et pour vous ?

Para mí

Creer en el Amor

Es querer al otro

sin saber por qué,

¿Y para usted ?

Pour moi

Croire en l'Amour

C'est une seconde intuition,

c'est une révélation.

Et pour vous ?

Para mí

Creer en el Amor

Es una segunda intuición,

es una revelación.

¿Y para usted ?

Pour moi

Croire en l'Amour

C'est une faim

qui nourrit la foi.

Et pour vous ?

Para mí

Creer en el Amor

Es un hambre

que alimenta la fe.

¿Y para usted ?

Pour moi

Croire en l'Amour

C'est un contact humain,

dans l'esprit et dans les mains.

Et pour vous ?

Para mí

Creer en el Amor

Es un contacto humano,

en la mente y en las manos.

¿Y para usted ?

Pour moi

Croire en l'Amour

C'est un état divin

quand j'embrasse ses seins.

Et pour vous ?

Para mí

Creer en el Amor

Es un estado divino

cuando beso sus pechos.

¿Y para usted ?

Pour moi

Croire en l'Amour

C'est parcourir un sentier

en cherchant le chemin.

Et pour vous ?

Para mí

Creer en el Amor

Es recorrer un sendero

Buscando el camino.

¿Y para usted ?

Pour moi

Croire en l'Amour

C'est penser au soi

quand on pense à quelqu'un.

Et pour vous ?

Para mí

Creer en el Amor

Es pensar a si mismo cuando pensamos

En alguien.

¿Y para usted ?

Pour moi

Croire en l'Amour

C'est porter ensemble

un rêve commun.

Et pour vous ?

Para mí

Creer en el Amor

Es llevar juntos

un sueño común.

¿Y para usted ?

Pour moi

Croire en l'Amour

C'est un exercice

qui reste très saint.

Et pour vous ?

Para mí

Creer en el Amor

Es un ejercicio

que permanece muy sano.

¿Y para usted ?

Pour moi

Croire en l'Amour

C'est aimer les courbes,

c'est aimer les caresses,

c'est du désir et de l'entrain.

Et pour vous ?

Para mí

Creer en el Amor

Es amar las curvas, es amar las caricias,

es deseo y marcha.

¿Y para usted ?

Pour moi

Croire en l'Amour

C'est vouloir aussi procréer

Ainsi va l'humain.

Et pour vous ?

Para mí

Creer en el Amor

También es querer procrear

Asi va el humano.

¿Y para usted ?

Pour moi

Croire en l'Amour

C'est vouloir être éternel par l'esprit

et le cœur en soutien.

Et pour vous ?

Para mí

Creer en el Amor

Es querer ser eterno por el espíritu

y el corazón que lo eleva.

¿Y para usted ?

Pour moi

Croire en l'Amour

C'est chercher sa place

en tant que maillon humain.

Et pour vous ?

Para mí

Creer en el Amor

Es buscar su plaza

como enlace humano.

¿Y para usted ?

Pour moi

Croire en l'Amour

C'est nager dans un univers de passions,

de chansons et de bien.

Et pour vous ?

Para mí

Creer en el Amor

Es nadar en un universo de pasión,

de canciones, y de bien.

¿Y para usted ?

Pour moi

Croire en l'Amour

C'est une quête

voire parfois un besoin.

Et pour vous ?

Para mí

Creer en el Amor

Es una búsqueda

y a veces una necesidad.

¿Y para usted ?

Pour moi

Croire en l'Amour

C'est une enquête sur l'âme

et sur son destin.

Et pour vous ?

Para mí

Creer en el Amor

Es una investigación

sobre el alma y su destino.

¿Y para usted ?

Pour moi

Croire en l'Amour

C'est une tempête qui frappe la tête

et puis qui l'étreint.

Et pour vous ?

Para mí

Creer en el Amor

Es una tormenta que golpea la cabeza

y que la abraza.

¿Y para usted ?

Pour moi

Croire en l'Amour

C'est de marcher toujours

même si on se trompe de chemin.

Et pour vous ?

Para mí

Creer en el Amor

Es de siempre caminar,

aunque nos confundamos de camino.

¿Y para usted ?

Pour moi

Croire en l'Amour

C'est de trouver le parcours

qui illumine le lien.

Et pour vous ?

Para mí

Creer en el Amor

Es encontrar el recorrido

que ilumina el ligo.

¿Y para usted ?

Pour moi

Croire en l'Amour

C'est savoir que tout seul

on ne peut tout réaliser.

Et pour vous ?

Para mí

Creer en el Amor

Es saber que solo,

no se puede todo realizar.

¿Y para usted ?

Pour moi

Croire en l'Amour

C'est apprendre à lire tous les jours,

sur les lignes de sa main.

Et pour vous ?

Para mí

Creer en el Amor

Es aprender a leer todos los días,

en las líneas de sus manos.

¿Y para usted ?

Pour moi

Croire en l'Amour

C'est vouloir faire l'amour

pour ne faire plus qu'un.

Et pour vous ?

Para mí

Creer en el Amor

Es querer hacer el amor

para volver ha ser uno.

¿Y para usted ?

Pour moi

Croire en l'Amour

C'est chérir et sublimer à son tour,

dans un même refrain.

Et pour vous ?

Para mí

Creer en el Amor

Es querer y sublimar también

en un mismo estribillo.

¿Y para usted ?

Pour moi

Croire en l'Amour

C'est parfois souffrir

quand les sentiments sont trop lourds.

Et pour vous ?

Para mí

Creer en el Amor

Es a veces es sufrir

cuando les sentimientos son muy pesados.

¿Y para usted ?

Pour moi

Croire en l'Amour

C'est contenir de l'amour

et vouloir sans cesse l'offrir.

Et pour vous ?

Para mí

Creer en el Amor

Es contener amor

y querer sin cesar ofrecerlo.

¿Y para usted ?

Pour moi

Croire en l'Amour

C'est continuer d'aimer

même si l'on est déchu.

Et pour vous ?

Para mí

Creer en el Amor

Es continuar de amar

aunque estemos destituido.

¿Y para usted ?

Pour moi

Croire en l'Amour

C'est de la douceur qui se mélange

aux tourments que l'on exclut.

Et pour vous ?

Para mí

Creer en el Amor

Es dulzura que se mezcla

a los tormentos que excluimos.

¿Y para usted ?

Pour moi

Croire en l'Amour

*Ce sont des remous inattendus
qui agitent les flux de notre subconscient.*

Et pour vous ?

Para mí

Creer en el Amor

Son remolinos inesperados que espabilan

los flujos de nuestro subconsciente.

¿Y para usted ?

Pour moi

Croire en l'Amour

C'est un état psychologique bien plus haut

que de simples ressentiments.

Et pour vous ?

Para mi

Creer en el Amor

Es un estado psicológico mucho más alto

que simples resentimientos.

¿Y para usted ?

Pour moi

Croire en l'Amour

C'est un simple constat,

un compte à rebours, exaltant.

Et pour vous ?

Para mí

Creer en el Amor

Es un sencillo acto,

un descuento temporal, exaltante.

¿Y para usted ?

Pour moi

Croire en l'Amour

C'est la rencontre du jour,

c'est la rencontre de l'instant.

Et pour vous ?

Para mí

Creer en el Amor

Es la encuentra del día,

es la encuentra del instante.

¿Y para usted ?

Pour moi

Croire en l'Amour

C'est être sourd et non-voyant,

c'est le cœur qui décide avec son discernement.

Et pour vous ?

Para mí

Creer en el Amor

Es estar sordo y ciego,

es el corazón que decide con su discernimiento.

¿Y para usted ?

Pour moi

Croire en l'Amour

C'est une voix que l'on entend,

c'est une voie qui vous surprend.

Et pour vous ?

Para mí

Creer en el Amor

Es una voz que oímos,

es una voz que nos sorprende,

¿Y para usted ?

Pour moi

Croire en l'Amour

C'est une surprise

à emballer tendrement.

Et pour vous ?

Para mí

Creer en el Amor

Es una sorpresa

Que se envuelve suavemente.

¿Y para usted ?

Pour moi

Croire en l'Amour

C'est d'écrire des vers

pour des poissons volants

sur une ligne sans hameçon

Et pour vous ?

Para mí

Creer en el Amor

Es escribir versos para peces volantes

con una caña sin anzuelo.

¿Y para usted ?

Pour moi

Croire en l'Amour

C'est savoir oxygéner l'air

d'une atmosphère en prison.

Et pour vous ?

Para mí

Creer en el Amor

Es saber oxigenar el aire

de una atmósfera en cárcel.

¿Y para usted ?

Pour moi

Croire en l'Amour

C'est ne plus être maître,

sans soumission et sans obsession.

Et pour vous ?

Para mí

Creer en el Amor

Es ya no ser maestro,

sin sumisión y sin obsesión.

¿Y para usted ?

Pour moi

Croire en l'Amour

C'est vouloir transmettre bien plus

que de la passion.

Et pour vous ?

Para mí

Creer en el Amor

Es querer transmitir

mucho más que pasión.

¿Y para usted ?

Pour moi

Croire en l'Amour

C'est désirer l'universalité du cœur pour tous

sans condition.

Et pour vous ?

Para mí

Creer en el Amor

Es querer la universalidad del corazón para

todos, sin condiciones.

¿ Y para usted ?

Pour moi

Croire en l'Amour

C'est construire du meilleur

un petit peu plus chaque jour.

Et pour vous ?

Para mí

Creer en el Amor

Es construir de lo mejor

un poquito más cada día.

¿Y para usted ?

Pour moi

Croire en l'Amour

C'est punir le destin

de vous l'avoir repris un jour.

Et pour vous ?

Para mí

Creer en el Amor

Es castigar el destino

de habéroslo quitado un día.

¿Y para usted ?

Pour moi

Croire en l'Amour

C'est remercier ce même destin

de vous l'avoir offert une nuit.

Et pour vous ?

Para mí

Creer en el Amor

Es dar las gracias a ese mismo destino

de habéroslo ofrecido una noche.

¿Y para usted ?

Pour moi

Croire en l'Amour

C'est se mettre tout nu

au milieu de la cour.

Et pour vous ?

Para mí

Creer en el Amor

Es ponerse desnudo

en el medio del patio de las escuelas.

¿Y para usted ?

Pour moi

Croire en l'Amour

C'est être prof et élève

dans un même discours.

Et pour vous ?

Para mí

Creer en el Amor

Es ser profesor y alumno

en un mismo discurso.

¿Y para usted ?

Pour moi

Croire en l'Amour

C'est saigner quelques gouttes de sang

de l'enseignement promulgué.

Et pour vous ?

Para mí

Creer en el Amor

Es sangrar unas gotas de sangre

del enseño promulgado.

¿Y para usted ?

Pour moi

Croire en l'Amour

C'est une étoile qui vous porte

sur des millions d'années.

Et pour vous ?

Para mí

Creer en el Amor

Es una estrella que os lleva

sobre millones de años.

¿Y para usted ?

Pour moi

Croire en l'Amour

C'est savoir que mourir n'est pas l'opposé de

naître, mais juste son binôme

légèrement espacé.

Et pour vous ?

Para mí

Creer en el Amor

Es saber que morir no es el contrario de nacer,

sino su binomio temporalmente espaciado.

¿Y para usted ?

Pour moi

Croire en l'Amour

C'est de remplir tout l'espace

et désirer la combler.

Et pour vous ?

Para mí

Creer en el Amor

Es de llenar todo el espacio

y desear colmarla.

¿Y para usted ?

Pour moi

Croire en l'Amour

C'est ne jamais oublier cette étincelle,

ce coup de pied.

Et pour vous ?

Para mí

Creer en el Amor

Es no olvidar jamás esa chispa,

esa patada.

¿Y para usted ?

Pour moi

Croire en l'Amour

C'est de toujours la voir belle

c'est de toujours l'aimer.

Et pour vous ?

Para mí

Creer en el Amor

Es de siempre verla guapa

es de siempre quererla.

¿Y para usted ?

Pour moi

Croire en l'Amour

C'est une ritournelle de câlins

et de baisers.

Et pour vous ?

Para mí

Creer en el Amor

Es un estribillo de cariños

y de besos.

¿Y para usted ?

Pour moi

Croire en l'Amour

Ce sont quelques coups de gueule

et d' inutiles coups de fouets.

Et pour vous ?

Para mí

Creer en el Amor

Son unas broncas

y unos inútiles látigos.

¿Y para usted ?

Pour moi

Croire en l'Amour

C'est d'attendre le camion de glaces

et ses esquimaux glacés.

Et pour vous ?

Para mí

Creer en el Amor

Es esperar el camión de los helados

y sus polos fresquitos.

¿Y para usted ?

Pour moi

Croire en l'Amour

C'est être pauvre au fond des poches

et immensément riche d'exister dans ses pensées.

Et pour vous ?

Para mí

Creer en el Amor

Es ser pobre en los bolsillos, y ser riquísimo

de existir en sus pensamientos.

¿Y para usted ?

Pour moi

Croire en l'Amour

C'est parfois perdre

mais c'est géant quand c'est gagné.

Et pour vous ?

Para mí

Creer en el Amor

A veces es perder

pero también es gigante cuando se gana.

¿Y para usted ?

Pour moi

Croire en l'Amour

C'est parfois se perdre

c'est parfois tout recommencer.

Et pour vous ?

Para mí

Creer en el Amor

Algunas veces es perderse

algunas veces es volver todo a empezar.

¿Y para usted ?

Pour moi

Croire en l'Amour

C'est de toujours espérer

de continuer à le bercer.

Et pour vous ?

Para mí

Creer en el Amor

Es de siempre guardar

la esperanza de continuar a mecerle.

¿Y para usted ?

Pour moi

Croire en l'Amour

C'est d'aimer le deux en un

et leur multiplicité.

Et pour vous ?

Para mí

Creer en el Amor

Es querer el dos en uno

y su multiplicidad.

¿Y para usted ?

Pour moi

Croire en l'Amour

C'est de mettre sur papier

tout ce que l'on a pas su se dire.

Et pour vous ?

Para mí

Creer en el Amor

Es echar sobre papel

todo lo que no hemos llegado a decirnos.

¿Y para usted ?

Pour moi

Croire en l'Amour

C'est d'attendre le moment

où l'on va tout se dire.

Et pour vous ?

Para mí

Creer en el Amor

Es esperar el momento en el cual

nos vamos a contar todo.

¿Y para usted ?

Pour moi

Croire en l'Amour

C'est rêver les secrets instants

que libèrent les soupirs.

Et pour vous ?

Para mí

Creer en el Amor

Es soñar los secretos instantes

que liberan los suspiros.

¿Y para usted ?

Pour moi

Croire en l'Amour

C'est se nourrir lentement

d'un singulier élixir.

Et pour vous ?

Para mí

Creer en el Amor

Es alimentarse lentamente

de un singular elixir.

¿Y para usted ?

Pour moi

Croire en l'Amour

C'est se souvenir que le présent

est plus fort que l'avenir.

Et pour vous ?

Para mí

Creer en el Amor

Es recordarse que el presente es más fuerte

que el porvenir.

¿Y para usted ?

Pour moi

Croire en l'Amour

C'est vouloir maintenant

son cœur, son corps, son âme, et les lire.

Et pour vous ?

Para mí

Creer en el Amor

Es querer ahora, su corazón,

su cuerpo, su alma, y leerles,

¿Y para usted ?

Pour moi

Croire en l'Amour

C'est s'ouvrir à une meilleure vie humaine

en devenir.

Et pour vous ?

Para mí

Creer en el Amor

Es abrirse a una mejor vida humana

en porvenir.

¿Y para usted ?

Pour moi

Croire en l'Amour

C'est savoir que tout seul

on ne peut pas tout réaliser.

Et pour vous ?

Para mí

Creer en el Amor

Es saber que sólo

no se puede todo realizar.

¿Y para usted ?

Pour moi

Croire en l'Amour

C'est le chercher à tous les étages

il peut être vif, il peut être sage.

Et pour vous ?

Para mí

Creer en el Amor

Es buscarle en todas las plantas

puede ser vivo, puede ser tranquilo.

¿Y para usted ?

Pour moi

Croire en l'Amour

C'est aimer son enfant, lui montrer la vie,

lui expliquer ses mirages.

Et pour vous ?

Para mí

Creer en el Amor

Es querer su criatura, es enseñarle la vida,

explicarle sus espejismos.

¿Y para usted ?

Pour moi

Croire en l'Amour

C'est se confesser sans rage dans l'église du cœur

avant que la tête ne s'oublie.

Et pour vous ?

Para mí

Creer en el Amor

Es confesarse sin rabia en la iglesia del corazón

antes que la cabeza se olvide.

¿Y para usted ?

Pour moi

Croire en l'Amour

C'est une porte sans cage, des barreaux vus de l'extérieur, une caserne sans fusils.

Et pour vous ?

Para mí

Creer en el Amor

Es una puerta sin caja, barrotes vistos desde fuera, un cuartel sin fusiles.

¿Y para usted ?

Pour moi

Croire en l'Amour

C'est animer la vie sans faire seulement

de beaux et grands discours.

Et pour vous ?

Para mí

Creer en el Amor

Es animar la vida sin hacer sólo hermosos

y grandes discursos.

¿Y para usted ?

Pour moi

Croire en l'Amour

C'est sublimer l'envie par une simple et subtile

adjonction d'amour.

Et pour vous ?

Para mí

Creer en el Amor

Es sublimar la vida con un soplo simple y sutil

de amor.

¿Y para usted ?

Pour moi

Croire en l'Amour

C'est un génotype humain, un trait

caractéristique qui peut nous mettre à genoux.

Et pour vous ?

Para mí

Creer en el Amor

Es un genotipo humano, una huella

característica que nos puede poner de rodillas.

¿Y para usted ?

Pour moi

Croire en l'Amour

C'est l'essence de « l'Être »

quand l'humain reste court.

Et pour vous ?

Para mí

Creer en el Amor

Es la esencia del « Ser » cuando el humano

se queda corto.

¿Y para usted ?

Pour moi

Croire en l'Amour

C'est ce qu'il nous reste

quand il n'y a plus rien autour.

Et pour vous ?

Para mí

Creer en el Amor

Es lo que nos sobra

cuando ya no queda nada alrededor.

¿Y para usted ?

Pour moi

Croire en l'Amour

Ce n'est finalement qu'un zeste

de peut-être et de toujours.

Et pour vous ?

Para mi

Creer en el Amor

Finalmente sólo es una pizca

de quizás y de siempre.

¿Y para usted ?

Pour moi

Croire en l'Amour

C'est « je l'aime et elle m'aime

et nous nous aimons en retour ».

Et pour vous ?

Para mí

Creer en el Amor

Es « la quiero y me quiere

y nos amamos en un eco ».

¿Y para usted ?

Pour moi

Croire en l'Amour

C'est ne pas vouloir vivre seul

au milieu d'un carrefour.

Et pour vous ?

Para mí

Creer en el Amor

Es no querer vivir solo

en el medio de un cruce.

¿Y para usted ?

Pour moi

Croire en l'Amour

C'est vouloir compléter une œuvre

commencée à deux mains.

Et pour vous ?

Para mí

Creer en el Amor

Es querer completar una obra

empezada con dos manos.

¿Y para usted ?

Pour moi

Croire en l'Amour

C'est de l'espoir, c'est de la force,

mais aussi du chagrin.

Et pour vous ?

Para mí

Creer en el Amor

Es esperanza, es fuerza,

pero también es pena.

¿Y para usted ?

Pour moi

Croire en l'Amour

C'est un royaume que l'on conquiert

de ses propres mains.

Et pour vous ?

Para mí

Creer en el Amor

Es un reino que conquistamos

con nuestras propias manos.

¿Y para usted ?

Pour moi

Croire en l'Amour

C'est une sentence qui parfois fait du mal

pour atteindre le bien.

Et pour vous ?

Para mi

Creer en el Amor

Es una sentencia que puede tal vez doler

para alcanzar el bien.

¿Y para usted ?

Pour moi

Croire en l'Amour

C'est un magique refrain, une mélodie unique,

un impérieux parfum.

Et pour vous ?

Para mí

Creer en el Amor

Es un mágico refrán, una melodía única,

un perfume imperioso.

¿Y para usted ?

Pour moi

Croire en l'Amour

C'est être tombé tout petit

dans le fût à potion.

Et pour vous ?

Para mí

Creer en el Amor

Es haber caído pequeño

en el barril a poción.

¿Y para usted ?

Pour moi

Croire en l'Amour

C'est pour l'éternité

c'est un carrière de champion.

Et pour vous ?

Para mí

Creer en el Amor

Es para la eternidad

es una carrera de campeón.

¿Y para usted ?

Pour moi

Croire en l'Amour

Même avec une médicale prescription

le sevrage sera long.

Et pour vous ?

Para mí

Creer en el Amor

Hasta con una medícala prescripción

la cura larga será.

¿Y para usted ?

Pour moi

Croire en l'Amour

C'est vivre et mourir de la veille

chaque jour.

Et pour vous ?

Para mí

Creer en el Amor

Es vivir y morir de la víspera

cada día.

¿Y para usted ?

Pour moi

Croire en l'Amour

C'est une fleur qui s'ouvre, une épine qui pique,

une secousse, un calembour.

Et pour vous ?

Para mí

Creer en el Amor

Es una flor que se abre, una espina que pica,

un terremoto, un piropo.

¿Y para usted ?

Pour moi

Croire en l'Amour

C'est connaître sa puissance,

à l'aller comme au retour.

Et pour vous ?

Para mí

Creer en el Amor

Es conocer su poder al ir,

como de vuelta.

¿Y para usted ?

Pour moi

Croire en l'Amour

C'est vouloir soulager un manque

que l'on ne comprend pas toujours.

Para mí

Creer en el Amor

Es querer compensar lo que nos carezca

sin entenderlo siempre.

Croire en l'Amour

C'est être saltimbanque

c'est être missionnaire

c'est « Être » tout court.

C'est plus qu'une idée

c'est une vérité.

Et vous,

En quoi croyez-vous ?

Creer en el Amor

Es ser saltimbanqui

es ser misionero

es « Ser » y sólo eso.

Es más que una idea

es una verdad.

Y usted,

¿En que creé ?

Jean-Pierre Garaic

Jean Pierre Garaic
Auteur

Surprise !

J'ai réservé une page

rien que pour vous,

*vous n'aurez qu'à la nommer « **ma page**».*

Notez-y votre impression,

vos réflexions sur le sujet, vos pensées,

ou tout simplement vos réponses.

Vous les relirez plus tard.

À bientôt.

Ma page

Quelles sont mes croyances ?

(Intellectuelles, affectives, matérielles, spirituelles, autres...)

Merci.

¡ Sorpresa !

Os he reservado una página,

solo para usted,

la podrá llamar « mi pagina ».

Apunte aquí vuestra impresión,

vuestra reflexión,

vuestros pensamientos,

o simplemente vuestras respuestas.

Ya volveréis a leerlas más tarde.

Hasta pronto.

Mi página

¿Cuáles son mis creencias?

(Intelectuales, afectivas, materiales, espirituales, otras...)

Muchas Gracias

Vous voici presque arrivé à la fin de cet ouvrage si vous avez répondu à la question posée, et j'espère que vous aurez passé un agréable moment en ma compagnie.

Je vous dis à bientôt sur de nouvelles lectures.

Jean-Pierre Garaic

Autre Titre Bilingue

Français - Espagnol

- Amour, Avec toi et sans toi

  Amor, Contigo y sin ti

Du même auteur

- Les carnets du poète illustrés

- Les carnets du poète "Bienvenue chez moi »

- Les carnets du poète « Que perçois-toi tu ? »

- Les carnets du poète « Champagne »

- Les carnets du poète « Donne-moi la main »

- Les carnets du poète « Cœur et Raison »

L'Ecrivain du sud

Textes, titres, dessins, photos, illustrations.

Couverture. Mise en page, maquette.

© Jean-Pierre Garaic

Tous droits réservés

Toulon

Imprimerie Lulu Press, Inc.

3101, Hillsborough Street

Raleigh, NC 27607

United States

Garaic Editions

Maître Façonnier

83100 Toulon

France

Dépôt légal BNF Novembre 2017

IEAN   9791090647473

ISBN 979-10-90647-47-3

www.ingramcontent.com/pod-product-compliance
Lightning Source LLC
LaVergne TN
LVHW022318080426
835509LV00036B/2638